CELEBRAÇÕES
DE ENTREGA NA CATEQUESE

Dados Internacionais de Catalogação na Publicação (CIP)
(Câmara Brasileira do Livro, SP, Brasil)

Celebrações de entrega na catequese : iniciação cristã de crianças /
  Secretariado de Catequesis del Arzobispado de Sevilla ;
  tradução de Carolina Caires Coelho. – Petrópolis, RJ :
  Vozes, 2020.

Título original: Celebraciones de entrega en la catequesis :
  iniciación cristiana de niños.

Bibliografia.
ISBN 978-85-326-6335-1

1. Catequese – Igreja Católica 2. Educação religiosa para crianças
  I. Navarro, María. III. Sánchez Sánchez, Manuel.

19-30716   CDD-268.432

Índices para catálogo sistemático:
1. Catequese com crianças : Educação religiosa   268.432
2. Crianças : Catequese : Educação religiosa   268.432

Cibele Maria Dias – Bibliotecária – CRB-8/9427

CELEBRAÇÕES
DE ENTREGA NA CATEQUESE

Iniciação cristã de crianças

Tradução de
Carolina Caires Coelho

Petrópolis

© Secretariado de Catequesis del Arzobispado de Sevilla
© 2012, PPC, Editorial y Distribuidora, S.A.

Título do original em espanhol: *Celebraciones de entrega en la catequesis – Iniciación cristiana de niños*

Equipe de redação: María Navarro e Manuel Sánchez Sánchez
Direção editorial: Herminio Otero
Edição: Daniel Orozco

Imprimatur
† Santiago Gómez Sierra
Obispo Auxiliar de Sevilla
Sevilla, 17 de julho de 2012

Direitos de publicação em língua portuguesa – Brasil:
2020, Editora Vozes Ltda.
Rua Frei Luís, 100
25689-900 Petrópolis, RJ
www.vozes.com.br
Brasil

Todos os direitos reservados. Nenhuma parte desta obra poderá ser reproduzida ou transmitida por qualquer forma e/ou quaisquer meios (eletrônico ou mecânico, incluindo fotocópia e gravação) ou arquivada em qualquer sistema ou banco de dados sem permissão escrita da editora.

CONSELHO EDITORIAL

Diretor
Gilberto Gonçalves Garcia

Editores
Aline dos Santos Carneiro
Edrian Josué Pasini
Marilac Loraine Oleniki
Welder Lancieri Marchini

Conselheiros
Francisco Morás
Ludovico Garmus
Teobaldo Heidemann
Volney J. Berkenbrock

Secretário executivo
João Batista Kreuch

Diagramação: Victor Mauricio Bello
Revisão gráfica: Alessandra Karl
Capa: Ana Maria Oleniki

ISBN 978-85-326-6335-1 (Brasil)
ISBN 978-84-288-2434-7 (Espanha)

Editado conforme o novo acordo ortográfico.

Este livro foi composto e impresso pela Editora Vozes Ltda.

Sumário

APRESENTAÇÃO:
Celebrações para a iniciação cristã, 7

CELEBRAÇÕES

1. Acolhida das crianças na catequese, 9
2. Entrega dos Evangelhos, 19
3. Entrega do crucifixo, 26
4. Entrega do Credo, 31
5. Entrega do Pai-nosso, 35
6. Entrega do Mandamento do amor, 42
7. Entrega das Bem-aventuranças, 47

Apresentação

CELEBRAÇÕES PARA A INICIAÇÃO CRISTÃ

Oferecemos um novo recurso para a catequese: um conjunto de celebrações que poderá ajudar a completar o itinerário da iniciação cristã na infância.

Temos consciência de que a catequese litúrgica pretende se introduzir no Mistério de Cristo (ela é *mistagogia*), partindo do visível para o invisível, do significante para o significado, dos sacramentos para os *mistérios* (cf. CIgC, n. 1075). Por isso, as celebrações nos ajudam a aprofundar o sentido de oração, no qual essas idades exigem consolidar na catequese.

As diferentes celebrações e entregas são propostas pontuais que se tornam momentos fundamentais desse caminho, que se oferecem não apenas às crianças, mas a toda a família, conscientes da necessidade evangelizadora que esta tem. Esse modo de trabalhar pretende despertar a fé no seio da família.

O grupo de catequistas poderá preparar essas entregas e celebrações com a família e vivê-las como um acontecimento de graça. Com a preparação de uma boa terra, o Senhor fará com que ela se torne fecunda pelo dom do Espírito Santo.

É preciso destacar a importância dos tempos litúrgicos, nos quais a Igreja transforma o calendário em todo um processo de acompanhamento espiritual da vida do Senhor. Inserir esse esquema do Ano Litúrgico na visão da família permitirá que nos abramos a uma nova forma de entender o Tempo Litúrgico, como tempo e história de salvação.

Esse caminho do processo de iniciação cristã das crianças é um período para ajudá-las a atravessar de novo a porta da fé com o anúncio da Palavra de Deus para que o coração se deixe moldar pela graça que transforma. Atravessar essa porta significa tomar um caminho que dura a vida toda (*Porta Fidei*, n. 1).

Como indica o *Ritual de Iniciação Cristã de Adultos*, as entregas do Credo, do Pai-nosso e do Mandamento do amor devem ocorrer "quando os catecúmenos derem sinais de maturidade" (RICA 125). A Igreja, depois de completar uma fase de sua preparação catequética, entrega, com amor, os documentos que, desde a Antiguidade, formam o compêndio de sua fé, de sua relação com Deus e com o amor.

Essas entregas ocorrem em momentos culminantes do processo, que começa com a inscrição do nome e a recepção dos não batizados, continuam quando a criança passa a compreender essas três dimensões da vida cristã: a vida de fé (Credo); de oração (Pai-nosso) e de caridade (Mandamento do amor); os três símbolos que expressam, não apenas, a dimensão do conhecimento, mas também a dimensão celebrativa e oracional, e a dimensão comunitária e de serviço aos outros. A essas entregas se unem as do Crucifixo, as Bem-aventuranças e os Mandamentos da Lei de Deus e da Igreja, que nos aproximam de Jesus Cristo, nosso modelo e nosso Salvador.

Aos sacerdotes que estão sempre a serviço da catequese, aos catequistas abnegados que trabalham de sol a sol, às famílias cristãs que tornaram seu lar um lugar de iniciação cristã, oferecemos esse recurso. Nossa recompensa é poder servi-los.

Que essas celebrações nos ajudem a chegar a Deus, através do olhar valioso das crianças.

Manuel Sánchez Sánchez
Representante Diocesano da Catequese da
Diocese de Sevilha (Espanha)

1

Acolhida das crianças na catequese

Esta celebração é proposta para que seja realizada no primeiro encontro da catequese, como forma de colocar todos em contato e fazer com que se apresentem, se não se conhecerem.
É conveniente que desta celebração também participem os pais, principalmente os das crianças não batizadas.

Materiais

- Imagens ou desenhos de Jesus Cristo, que devem ser entregues aos catequizandos no momento indicado.
- Balões, faixas ou cartolinas coloridas, para que as crianças escrevam seu nome.
- Pincéis atômicos ou canetas hidrográficas para escrever nos balões.
- Cartazes com os títulos dos assuntos da catequese.

Em todas as celebrações
Selecionar músicas compatíveis com o tema da celebração.

SAUDAÇÕES E ACOLHIDA

| Comentário

Catequista: Os catequistas, o padre e toda a comunidade estão muito felizes por tê-los conosco. Sabemos que vocês estão aqui porque querem conhecer mais e melhor a Jesus Cristo. Ele os ama muito e deseja tê-los muito próximos, por isso nos diz, como disse a seus apóstolos e às pessoas que o seguiam: "Vinde a mim as criancinhas..."

| Dinâmica de conhecimento

Entregar um balão a cada catequizando e pedir que escrevam nele o seu nome. Também podem ser usadas faixas ou cartolinas coloridas no lugar dos balões.

Os catequizandos andam com o balão (faixa ou cartolina) e observam os balões uns dos outros, atentos ao nome de cada um. Depois, trocam os balões (faixas ou cartolinas).

| Canto:
Selecionar um canto em que a letra mencione o desejo de querer seguir Jesus, ser seu amigo, formar comunidade. Pode ser um dos que cantam na catequese, e é bom que seja ensaiado previamente.

> Neste ponto, antes que seja lida a Palavra de Deus, pode ser realizada a acolhida e chamada do Batismo dos catequizandos não batizados, no final desta celebração.

A PALAVRA DE DEUS

Comentário

O Evangelho nos fala de dois jovens, João e André, que acompanharam Jesus quando este passou por eles, e o seguiram. Vamos escutá-lo.

> O texto pode ser lido entre três pessoas: narrador, Jesus e discípulos.

Leitura do Evangelho segundo São João 1,35-39

Narrador: João e André se aproximaram de Jesus, que estava passando por eles, e o seguiram. Jesus se virou e, ao ver que estava sendo seguido, pergunta:

Jesus: A quem procurais?

Narrador: Eles responderam:

Discípulos: Rabi – que quer dizer: Mestre, onde moras?

Narrador: Ele disse:

Jesus: Vinde e vede.

Narrador: Eles foram, viram onde morava e ficaram com Ele aquele dia. Eram quase quatro horas da tarde.

Breve comentário do texto

> Isto deve ser feito por quem preside a celebração. Se não for possível, por um catequista.

Esses foram os primeiros amigos de Jesus e os primeiros apóstolos. Nós também podemos fazer como fizeram João e André: seguir Jesus, caminhar com Ele, escutar o que Ele diz e ser verdadeiros amigos dele, por isso viemos à catequese.

Entrega de um cartão com uma imagem de Jesus

Presidente: Para que vocês não se esqueçam, vou entregar um cartão com uma imagem de Jesus, para a qual vocês sempre olharão quando se lembrarem. Podem colocá-la em seu livro de catequese ou em seu quarto, em lugar visível. Assim, quando vocês se levantarem ou se deitarem, poderão olhar para a imagem e se lembrar do que decidiram: ser amigos de Jesus.

> A cada catequizando deve ser entregue um cartão com a imagem de Jesus.

Canto: Sugere-se a música "Eu tenho um amigo que me ama" (Jonas Abib), facilmente encontrada na internet.

BÊNÇÃO

> Mesmo que seja um gesto próprio de quem vai ser batizado, todos podem fazê-lo.

Catequista: Agora, o padre (ou quem preside), seus pais e os catequistas vamos fazer o sinal da cruz em sua testa. Este gesto foi feito nos que foram batizados quando receberam o Sacramento do Batismo. Os que não foram batizados vão recebê-lo hoje pela primeira vez. Para uns será a renovação do que receberam quando eram muito pequenos, e, por isso, não estavam conscientes do que ocorria. Outros receberam o sinal da cruz já conscientes do que a Igreja quer expressar com esse gesto.

Presidente: Com esse gesto, lembramos que Jesus nos amou e até morreu por nós. E, com sua ajuda, queremos amá-lo e amar uns aos outros. Eu os abençoo em nome do Pai e do Filho e do Espírito Santo.

Os catequizandos passam em fila por quem preside, pelos pais e pelos catequistas. Quem preside diz a cada um, enquanto faz o sinal:

Presidente: ***N***, eu te abençoo com o sinal da cruz (†).
Que Cristo te proteja com o sinal de seu amor e de sua vitória sobre a morte.
Comece agora o caminho para conhecê-lo melhor e segui-lo.

Os pais e os catequistas fazem o sinal da cruz sem nada dizer.

INSCRIÇÃO DO NOME
No livro de catequese da paróquia

Quem preside este momento mostra aos catequizandos um livro preparado para eles e diz mais algumas palavras.

Presidente: Agora vamos escrever os seus nomes neste livro da catequese. Como membros da comunidade cristã, fazemos este gesto de escrever nosso nome porque queremos fazer parte da família dos cristãos e nos preparar para isso.

Cada catequizando (ou seus pais, se estiverem presentes), um de cada vez, escreve seu nome, ou diz seu nome a quem preside ou à catequista, que deve escrevê-lo.
Depois de escrever os nomes, todos devem aplaudir e se levantar, agitando os balões, faixas ou cartazes, enquanto entoam um canto (pode ser o proposto anteriormente ou outro).

ENTREGA DOS LIVROS DA CATEQUESE

Se for possível, preparar cartazes com os títulos e temas dos assuntos da catequese para fazer no chão, no corredor central onde acontece a celebração, um caminho por onde passem vários catequizandos. Distribuir os cartazes entre os catequizandos para serem usados no momento oportuno. Para isso pode usar os títulos e temas do livro de catequese adotado na paróquia.

Catequista: Já falamos antes que vamos percorrer um caminho com Jesus. Um caminho que nos conduz a Deus, ao Amor. Vamos ver que caminho é esse.

Sugere-se tocar uma música instrumental enquanto vários catequizandos saem de seus lugares com cartazes de tamanhos e cores diferentes.

Exemplo:

TÍTULOS	TEMAS
DEUS SE MANIFESTA AOS HOMENS	• Deus nos fala de muitas maneiras • Deus criou e entregou o mundo ao nosso cuidado • Deus faz aliança com seu povo • Os mandamentos guiam o olhar para os irmãos
JESUS VEIO AO MUNDO COM UMA MISSÃO	• O Pai nos envia seu Filho • Jesus cresce • Jesus anuncia o Reino • Jesus, doação e serviço • Jesus está sempre conosco

TÍTULOS	TEMAS
O ESPÍRITO SANTO ANIMA A COMUNIDADE	• Os frutos do Espírito Santo na vida do cristão • O Espírito Santo: força e luz de Deus
A IGREJA SOMOS NÓS	• Somos Igreja, povo de Deus • Nós somos o corpo de Cristo • Maria, mãe da Igreja

> Os cartazes devem distinguir claramente os títulos e os temas, tanto pelo tamanho das letras como por suas cores.
> Os catequizandos seguem pelo corredor central. Cada um para em um espaço indicado anteriormente pelo catequista, lê seu cartaz em voz alta e clara e o deixa no lugar correspondente.
> Depois de terminar de colocar todos os cartazes, devem voltar aos seus lugares. E quem preside ou o catequista conclui o gesto com estas palavras de celebração.

Presidente ou catequista: Este é o caminho que vamos percorrer neste ano para conhecer mais e melhor Deus Pai, Jesus, o Espírito Santo e a Igreja.

> Ler os títulos e os temas correspondentes a cada um.

Presidente ou catequista: Agora vamos entregar a vocês o livro que vai ajudá-los a fazer isso, acompanhados de seu catequista.

> Os catequizandos, em grupo, se aproximam de seu respectivo catequista, que entrega o livro. Se ainda não souberem quem é o seu catequista, cada um deve ir chamando os catequizandos de seu grupo.

| **Canto final –** à escolha.

ACOLHIDA E PEDIDO DO BATISMO DAS CRIANÇAS NÃO BATIZADAS

Essa acolhida pode se integrar na celebração que temos desenvolvido no ponto que indicamos ou pode ocorrer à parte em um momento próprio posterior ou, inclusive, na Eucaristia dominical.
Distinguimos duas situações:

1. Se é a criança que pede para ser batizada e seus pais apenas permitem.
2. Se são os pais que pedem o Batismo.

1) Se é a criança quem pede para ser batizada e seus pais apenas permitem

As crianças não batizadas ficam na frente de quem preside. Os catequistas ficam atrás. Quem preside se dirige pessoalmente a cada um.

| Diálogo

Presidente: *N,* o que você deseja?

Criança: Quero ser cristão.

Presidente: Todos nos alegramos com esta sua decisão de ser cristão. Para isso, você precisa de tempo e da ajuda das pessoas que vão te acompanhar.

Presidente: Quer fazer parte desse grupo, no qual todos, acompanhados de seu (ou sua) catequista, vão conhecer Jesus e vão entrar no caminho do amor a Deus e aos outros?

Criança: Sim, quero.

Consentimento dos pais

> Depois que todos manifestarem o desejo de serem cristãos e de conhecerem e amarem Jesus, quem preside pergunta a todos juntos.

Presidente: (*Dizendo os nomes de todas as crianças.*) Aproximem-se agora de seus pais para pedir que eles permitam que vocês comecem a catequese que vai prepará-los para receber o Batismo e para serem reais cristãos.

> Cada criança se aproxima de seus pais e mantém este diálogo.

Criança: Queridos papai e mamãe: Vocês me permitem fazer parte desse grupo para me preparar para o Batismo e me tornar cristão?

> Os pais dão consentimento com um beijo e podem dizer as seguintes palavras:

Pais: Sim (ou claro).

Ouça, meu filho (ou minha filha), que a graça de Deus te acompanhe.

> As crianças voltam a seus lugares e quem preside se dirige aos pais com estas palavras, ou com palavras parecidas.

Presidente: Queridos pais, vocês deram o consentimento para que seus filhos façam a catequese, onde vão se preparar, ao longo de um tempo, para receber o Batismo e entrar na família dos filhos de Deus. A comunidade paroquial, e nela, suas catequistas e eu, colocamos todo o nosso esforço para acompanhá-los e ajudá-los.

Vocês estão dispostos a acompanhá-los, ajudá-los e animá-los com suas palavras e com o testemunho de suas vidas?

Pais: Sim, estamos dispostos.

❷ Se são os pais quem pedem o Batismo para seu filho com o consentimento da criança

> Os pais se colocam ao lado do(a) filho(a), formando um semicírculo, diante de quem preside este momento. Este chamará um por um dos pais e das mães das crianças para que manifestem publicamente o desejo de que seu(sua) filho(a) se volte para a catequese e se prepare para o Batismo.

Presidente: Queridos pais de (nome da criança), o que pedem para seu filho(a)?

Pais: Que ele(ela) seja preparado(a) na catequese para ser batizado(a).

> Quem preside se dirige à criança:

Presidente: Querido(a) (nome da criança), quer fazer parte de seu grupo de catequese e se preparar para receber o Batismo, como seus pais pediram?

Criança: Sim, quero.

2

Entrega dos Evangelhos

Se possível, realizar, ao final da segunda etapa, ou na época pascal. É adequado que essa entrega seja realizada no contexto da Eucaristia.

Materiais

- Os Evangelhos para entregar aos catequizandos.
- Velas para os que acompanham quem introduz a Palavra de Deus.
- Incenso e incensário.
- Os dons que se apresentarão no ofertório.

RITOS INICIAIS

Comentário

Catequista: O Evangelho é a Boa notícia de Jesus.
Se quisermos ser seus amigos, se quisermos conhecê-lo e segui-lo de verdade, já que o recebemos na Primeira Comunhão (ou vamos receber), temos que continuar conhecendo

e vivendo melhor sua vida e sua mensagem como são narradas pelos evangelistas. Por isso, a Igreja entrega a vocês os Evangelhos, com o desejo de que abram seu coração a Jesus, pedindo que Ele semeie em vós a boa semente de sua Palavra.

| **Canto final** – à escolha.

> Continua a Eucaristia com o rito penitencial e a oração.

LITURGIA DA PALAVRA

| **Entrada solene da Palavra de Deus**

> Vários catequizandos com velas acesas vêm do fundo da igreja acompanhando o leitor que apresenta a Palavra de Deus levando-a entre as mãos levantadas.
> Param na frente do altar, fazem uma inclinação de cabeça, colocam as velas no altar; todos, menos duas crianças, que devem ficar com elas, perto do altar.

| **Primeira Leitura**

Leitura do Livro dos Atos dos Apóstolos 2,41-42.44

Os que acolheram a palavra de Pedro foram batizados. Naquele dia se converteram umas três mil pessoas.

Eles frequentavam com perseverança a doutrina dos apóstolos, as reuniões comuns, o partir do pão e as orações. E todos que tinham fé viviam unidos, tendo todos os bens em comum.

Palavra do Senhor

Salmo

Seria recomendável que fosse cantado.

Evangelho

Os dois catequizandos que estão perto do altar com duas velas acesas e os outros dois que levaram o incenso e o incensário acompanham quem preside ao ambão.

Quem preside incensa os Evangelhos e o lê.

Canto de aclamação

Leitura do Evangelho segundo São Mateus 13,3-8.

O semeador saiu a semear. Ao semear, uma parte caiu à beira do caminho. Vieram os pássaros e a comeram. Outra parte caiu em terreno pedregoso, onde não havia muita terra, e logo germinou porque a terra não era profunda. Mas, quando o sol se levantou, ficou queimada e, como não tinha raízes, secou. Outra parte caiu no meio dos espinhos; os espinhos cresceram e a sufocaram. Outra parte caiu em terra boa e deu frutos, uma cem, outra sessenta, outra trinta.

Palavra do Senhor

Canto – (Depois de ouvir a Palavra).

Homília

Deixamos aqui algumas ideias como sugestão

* Os discípulos do Senhor escutavam seus ensinamentos com atenção. Tinham aprendido muito bem aquele

exemplo que Jesus lhes dava. Nós também ouvimos essa parábola do semeador e agora vamos ver o que Jesus quis nos dizer.

- A Palavra de Deus é a semente. Quando alguém a escuta é como a terra boa que está lavrada e preparada para receber a semente. Quando plantam a semente, ela logo entra na terra e dá fruto. Assim, a Palavra de Deus dá fruto em um coração preparado. Mas quem não a escuta com atenção é como a terra não preparada; está dura e seca e, quando a semente cai, ela se perde ou os pássaros a comem e, por isso, ela não dá fruto.

- Também os primeiros discípulos, depois que Jesus subiu ao céu, escutavam com atenção as explicações dos apóstolos. Eles sabiam que suas palavras eram muito importantes, porque falavam do que tinham visto e escutado a Jesus. Assim é contado nos Atos dos Apóstolos, que é o livro que nos fala dos primeiros anos de vida da Igreja: "perseveravam nos ensinamentos dos apóstolos". E já sabemos que o que os apóstolos ensinavam era a Boa-nova de Jesus, o Evangelho.

ENTREGA DOS EVANGELHOS

Os catequizandos, convidados pelos(pelas) catequistas, se colocam ao redor do altar e quem preside passa entregando o livro a cada um deles.

Presidente: *N*, receba o Evangelho de Jesus Cristo, o Filho de Deus.

Cada catequizando beija o livro ao segurá-lo entre as mãos e caminha até seu lugar, ao redor do altar. Depois da entrega dos Evangelhos, quem preside se dirige aos catequizandos.

Presidente: Vocês acabaram de receber o Evangelho de Jesus, pelo qual devem sempre se guiar. Estão dispostos a ler o livro e a seguir vindo à catequese e à Eucaristia para escutar e entender melhor o que o Senhor quer dizer a nós, e como temos que dar vida a sua mensagem?

Crianças: Sim, viremos à catequese e à celebração da Eucaristia, onde escutaremos a Palavra do Senhor.

> Depois, ele deve se dirigir aos adultos, pedindo para que fiquem de pé, e diz:

Presidente: Quanto a vocês, os adultos aqui presentes, devem estar muito atentos ao crescimento dessas crianças no conhecimento do Senhor, e oferecer a elas apoio de seu carinho, de seu testemunho e de sua oração. Por isso, estão dispostos a escutar com maior atenção o Senhor, a viver com maior fidelidade e a expressar a essas crianças o que os Evangelhos nos transmitem?

Todos: Sim, estou disposto(a).

ORAÇÃO DOS FIÉIS

> Um ou vários catequizandos leem as seguintes orações e todos proclamam ou cantam a resposta.

Presidente: Tua palavra é uma lâmpada para meus passos e uma luz para meus caminhos. Escuta, Senhor, as súplicas de nossos filhos.

1. Pai, te damos graças por esses Evangelhos, que foram escritos para nos instruir e ajudar. Abra nossos olhos para que vejamos as lições que deles podemos aprender. Oremos.

   Todos: Escuta-nos, Senhor.

2. Obrigado, Senhor, por aqueles que deram sua vida para anunciar o Evangelho; ajude a todos os que traduzem tua mensagem, que a imprimem e a anunciam em lugares distantes. Que um dia teu Evangelho possa ser lido em todos os idiomas. Oremos.
Todos: Escuta-nos, Senhor.
3. Obrigado, Senhor, por nossos catequistas que se esforçam dia a dia para nos transmitir teu Evangelho com suas palavras e com sua vida.
Todos: Escuta-nos, Senhor.
4. Senhor, Tu que quiseste que os Evangelhos fossem escritos para que conhecêssemos e amássemos teu Filho, permite que aquilo que neles lemos consigamos aprender e o que aprendemos tornemos realidade, e que, na vida, anunciemos aos outros o Evangelho de Jesus. Oremos.
Todos: Escuta-nos, Senhor.

Presidente: Escuta, Senhor, as súplicas dessas crianças catequizandas e permite que elas conheçam a riqueza de teu Evangelho. Por Jesus Cristo, nosso Senhor. Amém!

OFERTÓRIO

Algum catequizando lê a apresentação das ofertas, enquanto os outros se aproximam do altar quando chegar sua vez.

Catequista ou catequizandos: Nas diferentes ofertas, Senhor, simbolizamos a entrega de nossa vida e de nosso ser crente:
1. Este pão e vinho, Senhor, são para nós sinais de gratidão por tua entrega.
2. Com esta água queremos oferecer, Senhor, nossa fé, a fé que nasceu em nosso Batismo.

3. Oferecemos, Senhor, com este livro de catequese, o caminho percorrido no seu conhecimento e acompanhamento.
4. Com este ramo de flores, queremos entregar ao Senhor nossa família, "Igreja doméstica"; unida pelo amor e pela alegria que nos traz a mensagem de Jesus.
5. O incenso demonstra que queremos louvar-te com nossa vida.
6. Senhor, com esta cruz entregamos nosso desejo de estar perto de ti nos que sofrem agora por causa da injustiça dos homens.

| **Canto –** à escolha.

A celebração eucarística continua normalmente.

DESPEDIDA

Ao finalizar a Eucaristia e antes de se despedir, quem preside se dirige aos catequizandos que receberam os Evangelhos.

Presidente: Levem para sua casa este valioso tesouro: a Palavra de Deus. Leiam o livro sozinhos e também com sua família, e peçam a Deus que os ajudem a fazer o que Ele diz. Não se esqueçam de que Jesus é amor e expressa amor. Por isso, nos disse: "Amai-vos uns aos outros, como eu vos amei". E por amor morreu em uma cruz, e seu Pai o ressuscitou.

| **Canto final**

3

Entrega do crucifixo

A celebração de entrega do crucifixo pode ocorrer no início do segundo ano/etapa da catequese.

Ambientação e materiais

- Cruz iluminada em um lugar de destaque.
- Recipiente diante do crucifixo para que os catequizandos coloquem as flores.
- Bandeja com as cruzes que os catequizandos receberão.
- Círio para acender no fim, no momento indicado.
- Música instrumental ou alguma das canções que escolherem para cantar.

SAUDAÇÃO

Comentário

Catequista: Deus Pai nos chama para sermos amigos de Jesus e para sermos parecidos com Ele. A comunidade cristã, que os acompanha na catequese, alegra-se por poder celebrar com vocês este ato de recebimento do crucifixo que a Igreja vai entregar hoje, para que, como crentes e para os que querem ser, o valorizem e o amem, pois nele se vê um sinal claro do amor que o Senhor tem por todos.

Começamos nossa celebração dizendo: "Em nome do Pai e do Filho e do Espírito Santo".

Canto – Sugere-se cantar o sinal da cruz.

> Se a entrega ocorrer dentro da celebração da Eucaristia, ela deve ser iniciada com o rito do perdão e da oração. Se ela for realizada sem Eucaristia, deve ser proclamada a Palavra antes da entrega da cruz.

A PALAVRA DE DEUS

Canto de aclamação

Leitura do Evangelho segundo São Lucas 23,33-34.44-47

Quando chegaram ao lugar chamado "A Caveira", ali crucificaram Jesus e os dois criminosos, um à direita e o outro à esquerda.

Jesus dizia:
♦ Pai, perdoa-lhes, porque não sabem o que fazem.

Depois, repartiram as vestes de Jesus tirando a sorte.
Já era quase meio dia quando toda a região ficou coberta de escuridão até às três da tarde. O sol escureceu e a cortina do Santuário se rasgou ao meio. Clamando com voz alta, Jesus disse:
♦ Pai, em tuas mãos entrego o meu espírito. – Dizendo isto, expirou.

Vendo o que acontecera, o oficial do exército romano glorificava a Deus dizendo:
- ♦ Realmente este homem era um justo.

Palavra do Senhor

| **Canto**

ENTREGA DO CRUCIFIXO

> Um catequista chama os catequizandos pelo nome e os coloca ao redor do altar, diante da cruz. Cada um deverá levar uma flor na mão.

| **Sinal da cruz**

Presidente: Todos juntos fazemos o sinal da cruz:
Em nome do Pai (†) e do Filho (†) e do Espírito Santo (†).

| **Entrega**

> Em seguida, um catequista se aproxima de quem preside, levando a bandeja com os crucifixos, e este os coloca em cada catequizando. Enquanto isso podem cantar.

| **Canto** – à escolha.

| **Oferta de flores a Jesus**

Presidente ou catequista: Todos desejamos acompanhar Jesus e ser seus melhores amigos. Como sinal de que queremos alegrar seu coração, alegrando os dos outros, e como afirmação de que acreditamos que ressuscitou e vive entre nós, colocamos nossa flor aos pés de Cristo.

> Os catequizandos se dirigem em fila à cruz e colocam sua flor no recipiente ali preparado antecipadamente.

Canto

É realizada a entrega dentro da Eucaristia, e esta segue normalmente com a pregação eucarística; se for feita fora dela, faz-se a oração final e o canto.

ORAÇÃO DE AÇÃO DE GRAÇAS

Pode ser feita por um catequista e vários catequizandos.

1. Damos-te graças, Jesus, pelo amor que tens por nós.
Todos: Graças a Jesus.
2. Obrigado, Pai, por ter enviado teu Filho.
Todos: Graças a Jesus.
3. Obrigado, Jesus, porque tua morte na cruz e tua ressurreição nos salvou.
Todos: Graças a Jesus.
4. Obrigado, Espírito Santo, porque nos ajuda a amar a Deus e aos outros.
Todos: Graças a Jesus.

Se puder, incluir outras orações.

Acender o círio de profissão de fé

Um círio é aceso e colocado ao lado da cruz. Todos confessamos nossa fé com o Credo, que pode ser proclamado por completo ou apenas o correspondente à paixão, morte e ressurreição de Jesus, ou seja:

Creio em Cristo, que padeceu sob Pôncio Pilatos, foi crucificado, morto e sepultado, desceu à mansão dos mortos e ressuscitou ao terceiro dia.

Canto

AS ENTREGAS DO CREDO, DO PAI-NOSSO E DO MANDAMENTO DO AMOR

Como indica o *Ritual de Iniciación Cristiana de Adultos* (*RICA*), as orações do Credo, do Pai-nosso e do preceito do amor, devem ser realizadas "quando os catecúmenos já pareçam maduros" (RICA, n. 125).

A Igreja, depois de completada uma fase de sua preparação catequética, entrega, com amor, os documentos que, desde a Antiguidade, formam o compêndio de sua fé, de sua relação com Deus e do amor.

Essas orações vão sendo feitas em momentos culminantes do processo, quando o catequizando compreende estas três dimensões da vida cristã:

- A vida de fé (o Credo)
- A vida de oração (o Pai-nosso)
- A vida de caridade (o Mandamento do amor)

Estes três símbolos expressam as quatro dimensões da fé: a cognoscitiva, a celebrativa e a oracional, e a comunitária e a de serviço aos outros.

4

Entrega do Credo

A entrega do Credo deve ser feita tão logo seja concluída a primeira fase da catequese, quando os catequizandos já conhecem a ação do Pai e do Filho e do Espírito Santo na obra da salvação.

Aconselha-se que seja feita no domingo, dentro da celebração da Eucaristia, para a qual devem ser convidados, além dos catequizandos, seus pais, padrinhos (de batismo e – se possível – os não batizados) e catequistas. Pode ser feito um ato prévio para a renovação das promessas (dos batizados) ou do batismo (dos não batizados).

Materiais

- Cartões com o Credo copiado.
- Círio e suporte para ele.
- Letra das canções.

RITOS INICIAIS

| **Canto** – Sugere-se que a escolha seja por uma letra sobre ser Igreja.

| **Liturgia do perdão**

>Depois da explicação do perdão sugere-se entoar um canto sobre perdão.

| **Canto**

ENTREGA DO CREDO

>Depois da Liturgia da Palavra, correspondente ao dia, por ocasião da profissão de fé, realiza-se a entrega do Credo. Antes disso, um círio aceso é colocado no altar.

| **Comentário**

Presidente ou catequista: A catequese nasce da profissão de fé inicial recebida e professada no Batismo e assumida pela comunidade aqui reunida. O conteúdo dessa confissão de fé está no Credo, o "símbolo de nossa fé". Por isso, hoje, a Igreja entrega-o a vocês catequizandos, quando já estão bastantes avançados no processo catequético. Tudo o que vocês aprenderam e viveram nesses anos não deverá ser esquecido. Portanto, cuidem e valorizem o Credo, para que sua fé seja cada dia mais forte. E tudo o que professarem com as palavras que ele contém torne-se vida.

| **Entrega do Credo**

>Os catequizandos se posicionam ao redor do altar.

Presidente: Queridos catequizandos, recebam o Credo com o qual confessamos nossa fé no Pai, no Filho, no Espírito Santo, na Igreja, na comunhão dos santos e na vida eterna. Já conhecemos, de certo modo, o que professamos, mas temos de continuar nos aprofundando nele e fazer dele a realidade de nossa vida.

> Um catequista aproxima-se com a bandeja contendo os cartões ou pergaminhos, nos quais está o Credo. Quem preside vai entregando a cada catequizando com estas palavras:

Presidente: *N,* receba o símbolo de nossa fé, acolha-o e mantenha-o na lembrança e no coração.

> Se forem muitos catequizandos, é possível dizer essas palavras de modo geral; depois passam em fila e cada uma vai recebendo o Credo.

| Profissão de fé

> Os catequistas entregam uma vela a cada catequizando. Várias pessoas da comunidade usam a chama do círio para acender as velas dos catequizandos. Depois, todos proclamam:

Todos: Creio em Deus Pai Todo-Poderoso...

> A celebração eucarística continua normalmente com a oração dos fiéis.

PAI-NOSSO

> A oração do Pai-nosso pode ser recitada ou cantada de mãos dadas, como sinal de que somos uma comunidade.

RITOS FINAIS

Oração pelos catequizandos

Os catequizandos, de pé, fazem a oração junto com quem preside.
Este estende a mão sobre os catequizandos e reza:

Presidente: Senhor, fonte de luz e de verdade, pedimos por estes catequizandos: conceda-lhes o dom de uma verdadeira fé, para que a expressem com suas palavras e com sua vida, juntamente com a forte esperança e grande caridade, para que sejam sempre seus seguidores e amigos. Por Jesus Cristo, Nosso Senhor.

Todos: Amém!

Bênção e despedida

Quem preside abençoa a todos.

Presidente: Que a bênção de Deus Pai e do Filho e do Espírito Santo desça sobre vós, aumente a vossa fé e vos mantenha sempre em seu amor.

Todos: Amém!

Presidente: Vão em paz e coloquem em prática o que celebraram.

Canto final: À Virgem Maria.

5

Entrega do Pai-nosso

Para a entrega do Pai-nosso, são oferecidas duas opções: dentro da celebração eucarística ou em uma celebração própria. Cada comunidade pode escolher a que for mais oportuna e significativa para os catequizandos.

Materiais

- O Pai-nosso escrito em um painel com letra grande ou projetado por meio de um computador e um projetor.
- Cartazes (e se possível, também adesivos) para todos com a oração do Pai-nosso.

Ambientação

- Em um local de destaque colocar um painel com a oração do Pai-nosso sem destaque.
- No momento da entrega, ele será destacado, podendo para isso iluminá-lo, se possível.
- Se a ambientação for realizada por meio de projeção, aparecerá apenas uma parte na qual tenha "Pai nosso". No momento de rezar e entregar, aparecerá a projeção da oração.

❶ Dentro da Celebração da Eucaristia na qual se realiza a oração do Credo

> No momento anterior à oração do Pai-nosso na Liturgia Eucarística.

| Comentário

Presidente: Jesus nos ensinou a falar com Deus, nosso Pai, com a oração do Pai-nosso, que faz um resumo de todo o Evangelho. Nessa oração, todos nós, cristãos, nos unimos. Nós a fazemos muitas vezes nas celebrações da comunidade cristã, na catequese e na família.

Hoje, vamos rezar de uma maneira especial, e vamos colocá-la em um cartão (com adesivo) para que vocês sempre a tenham presente e não se esqueçam de rezá-la todos os dias.

> Todos, com as mãos dadas e em voz alta, rezam o Pai-nosso.

| Entrega da oração

Presidente: Queridos catequizandos, recebam o Pai-nosso da Igreja e cuidem dele como se estivessem recebendo o próprio Jesus aqui presente entre nós. Ele nos disse: "Quando rezardes, dizei: Pai nosso..."

> Os catequizandos passam organizadamente e pegam os cartões. Enquanto isso, é possível cantar.

| Canto

Em uma celebração própria, fora da Eucaristia

RITOS INICIAIS

Saudação

Presidente: Queridos catequizandos, nesta celebração, vamos recordar o que dizemos na oração que o próprio Jesus nos ensinou: o Pai-nosso. Além disso, a Igreja vai entregar a oração a vocês para que a tenham sempre presente e a rezem com frequência.
Como comunidade dos amigos de Jesus, saudamos o Pai e o Filho e o Espírito Santo e fazemos o sinal da cruz.

Canto

Oração

Presidente: Pai nosso, Pai de todos, das crianças e dos adultos, dos pobres e dos ricos, daqueles de todas as raças. Pai bom, que nos ama e nos perdoa sempre. Ouve nossa oração. Queremos te agradar e fazer tua vontade, ajuda-nos. Faz com que sejamos generosos para saber amar, perdoar a todos e a compartilhar nossos bens com os que nada têm
Por Jesus Cristo, nosso Senhor. Amém!

A PALAVRA DE DEUS

Leitura do Evangelho segundo São Mateus 6,7-13

Jesus disse a todos que o seguiam: E nas orações não faleis muitas palavras como os pagãos. Eles pensam que serão ouvidos por causa das muitas palavras. Não os imiteis, pois o Pai já sabe de vossas necessidades antes mesmo de pedirdes. Portanto, é assim que haveis de rezar:

> Pai nosso que estais nos céus, santificado seja o vosso nome;
> venha a nós o vosso Reino; seja feita a vossa vontade, assim na terra como no céu.
> O pão nosso de cada dia nos dai hoje, perdoai-nos as nossas ofensas, assim como nós perdoamos a quem tem ofendido, e não nos deixeis cair em tentação, mas livrai-nos do mal.

Palavra do Senhor

Comentário sobre o Pai-nosso

> Esse comentário pode ser feito por quem preside ou com vários catequistas. Também pode ser lido pelos catequizandos. Nesse caso, vários catequizandos, de dois em dois; um leva o cartaz e lê as palavras correspondentes ao pedido que faz; o outro lê o comentário.
> Outra possibilidade: preparar antecipadamente uma apresentação digital e projetá-la. Nos três casos, o conteúdo do comentário pode ser o seguinte:

1. Pai-nosso

Pai bom, Pai misericordioso, que nos deu a vida e nos acompanha sempre. É Pai de todos, dos milhões de habitantes da Terra; por isso, dizemos nosso. Fazei com que descubramos que somos vossos filhos.

2. Que estais nos céus

Onde reina o amor, a paz, a verdade, a liberdade, ali está o Senhor, Pai, antecipando o céu. Nosso Pai já está muito perto de nós, mas estará sempre e para sempre no céu. Ajudai-nos a descobrir o caminho para o vosso reino.

3. Santificado seja vosso nome

Que todos pronunciemos o vosso nome com amor e alegria. Que vosso nome seja engrandecido. Pai nosso, conceda a todos os homens a alegria de vos conhecer para que vos amem e falem bem de vós.

4. Venha a nós o vosso reino

O reino do Pai está dentro de nós, mas ainda é muito pequeno, não está completo, porque nos falta amor. Quando chegar o reino do Pai a todos, em sua plenitude, o amaremos de verdade e amaremos uns aos outros. Pai, fazei com que cresça em nós o desejo de vosso reino.

5. Seja feita a vossa vontade, assim na terra como no céu

Desejamos que seja cumprida a vontade de Deus em cada um, no mundo inteiro, porque o que nosso Pai quer para nós é algo muito grande: Deseja que vivamos todos unidos e muito perto dele. Pai nosso, dai-nos vosso Espírito para desejarmos o que vós desejais e fazermos a vossa vontade.

6. O pão nosso de cada dia nos dai hoje

Não pedimos dinheiro nem possuímos muitas coisas. O que pedimos é pão; que todos tenham o necessário para viver, pois uns têm muito e outros nada têm, sendo que Deus deu tudo para todos. O que produzimos juntos, temos que comer juntos. E também pedimos o pão do amor, da paz, da Eucaristia. Pai nosso, faz com que saibamos compartilhar o que temos com os que não têm, para podermos ser verdadeiros filhos vosso.

7. Perdoai-nos as nossas ofensas, assim como nós perdoamos a quem nos tem ofendido

Não podemos perdoar como Deus perdoa, porque nós apenas perdoamos. No entanto, Deus que nos perdoa sempre, quer que também perdoemos quando alguém nos ofende. O único homem que perdoou e perdoa como o Pai é Jesus. Por isso nos unimos a Ele e dizemos: Pai, perdoai-nos como Jesus perdoa.

8. E não nos deixeis cair em tentação

Muitas vezes tomamos um caminho que nos afasta de nosso Pai, porque praticamos coisas que não são de seu agrado: o caminho da mentira, da inveja, da violência, de guardar riqueza e fechar nosso coração à dor do mundo. Para não cair nessas tentações, pedimos: Pai nosso, que vosso Espírito nos fortaleça para deixarmos de fazer o mal.

9. Mas livrai-nos do mal

Precisamos que o Senhor nos libere, principalmente, do mal do pecado, do desamor, da injustiça, de todos os males que nos impedem de viver no amor e de estar alegres. Livrai-nos do mal das armas, do egoísmo, de tudo o que nos tira o amor e a paz.

ENTREGA DO PAI-NOSSO

Neste ponto, ocorre como indicamos na primeira possibilidade.

DESPEDIDA

Oração

Presidente: Deus Pai, escuta hoje as vozes e as súplicas destes catequizandos, teus filhos preferidos, fazendo com que eles sempre se sintam teus filhos e tornem realidade o que te pedem no Pai-nosso. Pedimos-te por Jesus Cristo, nosso Senhor. Amém!

Canto

6

Entrega do Mandamento do amor

Esta entrega pode ser realizada:

- Depois de ser abordado, na catequese, o tema sobre nos amarmos como irmãos.
- Na *Celebração da primeira comunhão eucarística*.
- Na *Celebração eucarística dominical*
- Após um assunto importante da catequese ou em outro momento oportuno.

Sempre é conveniente que se celebre no domingo, na missa paroquial realizada pelo pároco ou sacerdote encarregado da catequese. É uma forma de expressar o acompanhamento da comunidade cristã.

Materiais

- Corações feitos de cartolina ou outro material, que tenha escrito, na frente, o mandamento do amor: "Amai-vos uns aos outros como eu vos amei" e, do outro lado, os mandamentos da lei de Deus e da Igreja.
- As palavras de Jesus: ["Amai-vos uns aos outros como eu vos amei"] devem estar destacadas na celebração, ou seja, escritas em um grande painel ou projetadas.

- Além do pão e do vinho, podem ser apresentadas as seguintes ofertas:
  - Ramo de flores.
  - Bonecos recortados em papel de diversas cores e unidos, formando uma corrente; em cada um ficará destacado o coração em vermelho.

ENTREGA DO MANDAMENTO DO AMOR E DOS MANDAMENTOS DA LEI DE DEUS E DA IGREJA

> O rito de entrega ocorre no momento da Liturgia da Palavra, depois da homilia.

Comentário

- (*Na Celebração da primeira comunhão eucarística*) A Eucaristia de hoje tem uma importância especial para esses catequizandos: vão receber pela primeira vez o Senhor na Eucaristia.

- (*Na Celebração eucarística dominical*) A Eucaristia de hoje tem uma importância especial para esses catequizandos: vão comemorar mais conscientemente o que a Eucaristia e o que produz.

- (*Após um assunto importante da catequese*) A Eucaristia de hoje tem uma importância especial para esses catequizandos: eles têm aprofundado na catequese que o ser cristão tem consigo amar a Deus e amar a seus irmãos, e quer tornar isso uma realidade em sua vida.

Quando se aproxima de Jesus um mestre da lei e lhe pergunta: "O que tenho que fazer para ter a vida eterna?" Jesus lhe direciona à lei: "O que está escrito na lei?" Ele respondeu: "Amarás o Senhor teu Deus de todo o coração, com toda a alma e com toda a mente. E a teu próximo como a tinha mesmo".

Isso nos faz lembrar que o diferencial dos cristãos é o **amor**: o amor a Deus e o amor aos outros. "Vejam como se amam", diziam as pessoas que viam agir os primeiros seguidores de Jesus. Queremos que de nós também possam dizer a mesma coisa.

Hoje, nesta Eucaristia, entregaremos por escrito este Mandamento do amor e os Mandamentos de Deus e da Igreja, que nos dizem como podemos cumprir o que Jesus nos disse.

Com essa entrega, desejamos que os tenhais sempre presente, sem esquecê-los. Mas lembrai-vos do mais importante: mantê-los gravados em vossos corações.

| Oração

Presidente: Jesus, o Senhor nos disse: "Amai como eu vos amei". Se nos amássemos assim, nossas relações seriam verdadeiras e nosso mundo maravilhoso. Todos nos sentiríamos muito queridos e faríamos as pessoas felizes. Ensinai-nos, Senhor, como absorver vosso amor para podermos levá-lo aos outros e amar a todos como o Senhor nos amou e continua amando.

| Canto

| Entrega

Presidente: Queridos catequizandos, escutem com atenção o que Jesus, em nome de Deus Pai, quis revelar:

Catequista: Amarás ao Senhor de todo coração, de toda alma, com toda a tua mente, com todo teu ser. E amarás ao próximo como a ti mesmo.

Presidente: E em outro momento, na véspera de tua morte, disse a teus discípulos:

Catequista: Dou-vos um novo mandamento: amai-vos uns aos outros, como eu vos amei. Assim, conhecerão todos os que são meus discípulos: se amarem uns aos outros.

Presidente: Nos mandamentos de Deus e da Igreja, temos as chaves para saber se estamos amando de verdade a Deus e aos outros.

> Depois, quem preside convida os catequizandos para que se aproximem e para receber o preceito de amor e dos mandamentos, e os incentiva a se comprometerem, com a ajuda do Espírito, a cumpri-lo. Ele se dirige a cada catequizando perguntando:

Presidente: *N,* quer se comprometer a amar a Deus e ao próximo, obedecendo aos mandamentos?

Catequizando: Sim, quero.

> Se forem muitos catequizandos, é possível perguntar a todos em uma única vez.
> Quem preside entrega ao catequizando o coração de cartolina, com o preceito do amor e os mandamentos da lei de Deus e da Igreja. Colocando as mãos sobre a cabeça de cada um deles diz:

Presidente: Que o Espírito do Senhor esteja sobre ti para que possas amar a Deus com todo teu coração e ao próximo como Jesus nos ama.

Catequizando: Amém!

> Se forem muitos catequizandos, estende as mãos sobre todos, e diz no plural as palavras da entrega. Os catequizandos respondem e passam em fila para recebê-lo.

| Canto

> A Eucaristia continua normalmente. Todos se abraçam na altura dos ombros, formando uma corrente de amor e fraternidade, enquanto cantam uma canção de paz.

RITOS FINAIS

Oração depois da Comunhão

Presidente: Ó, Deus, que nos ama muito e nos chama a cumprir teu preceito de amor, para podermos viver livres de toda escravidão, envia teu Espírito de amor sobre essas crianças catequizandas, para que sejam libertadas de tudo o que as impede de amar a Deus e aos outros, seguindo Jesus, seu único modelo.

Pedimos por Jesus Cristo, nosso Senhor, que vive e reina na unidade do Espírito Santo e de Deus, pelos séculos dos séculos. Amém!

Bênção

Presidente: Que Deus, Pai e Filho e Espírito Santo, vos abençoe e vos acolha sempre em seu amor.

Todos: Amém!

7

Entrega das Bem-aventuranças

Esta entrega pode ser realizada na terceira etapa da catequese ou quando se tratar das Bem-aventuranças. Ou ainda, no Tempo Pascal, na segunda ou terceira etapas.

Materiais

- Símbolos para a cena de início: balões, castanholas, bola, pacote de presentes, boletim escolar, com notas excelentes e ótimas.
- Canto e *slides*:
  - *Slides* com imagens que retratem as Bem-aventuranças tanto sendo praticadas quanto não.
  - Canto – selecionar o que tenha uma letra que esteja em sintonia com as imagens dos *slides* e contribua na reflexão e entendimento das Bem-aventuranças. Sugere-se:
    - Bem-aventuranças (Cantores de Deus) – disponível na internet (YouTube).
    - Verdades do tempo (Thiago Brado) – disponível na internet (YouTube).

- Oito cartolinas: cada uma contendo uma das Bem-aventuranças e ilustrada com rostos alegres.
- Pergaminhos com as Bem-aventuranças para entregar aos catequizandos.

RITOS INICIAIS

Comentário

Na passagem da Sagrada Escritura, conhecida como as Bem-aventuranças, Jesus nos disse como devem viver os seus seguidores para alcançar a felicidade que apenas Ele pode nos dar e que não tem nada a ver com a que muitas vezes desejamos, como por exemplo: ter muitas coisas, ser superior aos outros, ter fama e outras.

A felicidade que Jesus nos promete é distinta e nunca acaba. Hoje, vamos nos aproximar das oito propostas fundamentais que Jesus nos faz. No final as receberemos em um belo pergaminho, para que as lembremos com frequência e procuremos torná-las realidade em nossas vidas.

Canto

ENCENAÇÃO: ESTAMOS ALEGRES

Cinco catequizandos saem das extremidades do altar, pulando e rindo; cada um levando um símbolo da alegria nas mãos:
- um balão com uma cara de criança sorrindo;
- castanholas (batendo-as);
- uma bola (batendo-a);
- um pacote com um presente (abrindo-o);
- boletim escolar (bem visíveis).

O catequista os recebe e estabelece um diálogo com eles.

Catequista: Pode-se saber por que estão tão contentes?
Catequizando 1: Estou contente porque vou a uma festa e vamos nos divertir muito, porque haverá muitas guloseimas, presentes e brincadeiras.

Catequizando 2: Eu estou muito contente e por isso toco as castanholas, porque minha avozinha estava doente e melhorou, e veio nos visitar.

Catequizando 3: Eu gosto muito de brincar e me divirto muito com meus amigos. Agora vou a uma partida de futebol e vamos vencer. Tenho certeza!

Catequizando 4: Meus pais foram viajar e me deu muita alegria vê-los de volta. Eles me trouxeram presentes incríveis. Agora, vou vê-los. (*Termina de abrir o pacote e tira dois ou três presentes e mostra a todos.*) São lindos, exatamente o que eu queria.

Catequizando 5: Você acha pouco se alegrar com notas boas? Veja, recebi meu boletim hoje na escola e tenho muitas notas excelentes e ótimas. Meus pais vão ficar muito felizes.

Catequista: Demais! Todos temos muitos e bons motivos para estarmos alegres. Mas não é assim para as crianças que não têm essas coisas. Vamos nos lembrar disso.

> Se for possível, mostrar *slides* de crianças carentes. Por exemplo: crianças que passam fome, crianças com escolas precárias, com escolas ao ar livre, brincando com bola de pano suja e velha, menina sozinha e triste, sem amigos, menina com notas ruins e seus pais rindo, meninos e meninas em guerra...
>
> Se não for possível mostrar *slides*, poderá substituir por pôsteres, fotos de jornais ou revistas colocados em lugar bem visível para as crianças. Os *slides* devem ser mostrados em silêncio. Ao final, quem preside conversa com as crianças.

Presidente: Vimos uma série de imagens e agora quero que falemos sobre elas.

- Por que essas crianças não estão felizes como vocês?
- O que mais chamou sua atenção?
- Você conhece crianças que não estão contentes? Por que não estão?

> Deve pedir para que os catequizandos digam e percebam os motivos de alegria deles e de tristeza dos outros; falta comida, carinho, brinquedos ou amigos, não podem ir a festas onde há muitas guloseimas, ou tiram notas ruins e seus pais ficam bravos ou riem deles...

| Canto

Sugere-se:

- Bem-aventuranças (Cantores de Deus) – disponível na internet (YouTube)
- Verdades do tempo (Thiago Brado) – disponível na internet (YouTube)

> Os *slides* são passados de novo, com outros para auxiliar, enquanto se escuta as músicas. Na primeira sugestão retoma-se as Bem-aventuranças associadas ao texto bíblico. Na segunda há um convite para olhar como podemos praticar as Bem-aventuranças amando mais, exercitando os sentidos em favor do próximo.
> Depois, é possível comentar o que foi dito, comparando com as imagens visualizadas.

A FELICIDADE QUE JESUS NOS PROPÕE

Comentário

Catequista: Jesus nos fala de outra felicidade. Da alegria que nasce de viver como Ele viveu: sem ter muitas coisas, sendo justos, misericordiosos, pacíficos, tendo um coração bom e nobre, fazendo em todo momento o que Deus quer. Vamos recordar o que Jesus diz sobre isso.

Oito **catequizandos** saem. Cada um leva a cartolina com uma das Bem-aventuranças.

A PALAVRA DE DEUS

Comentário

Leitura do Evangelho segundo São Mateus 5,1-12.

Presidente: Um dia, Jesus subiu ao monte. Muitas pessoas de todas as idades o seguiam e o escutavam, atraídas pelas palavras carinhosas que saíam de sua boca. Então, Ele fez um discurso incrível que chegou a nós e que fez muita gente feliz. Jesus se sentou e seus discípulos se aproximaram, e Ele lhes disse:

> Os catequizandos vão mostrando, na ordem numérica, e lendo seu cartaz correspondente; vão mostrando ao público, seguindo o que diz quem preside.

1: Bem-aventurados os que têm espírito de pobre, porque deles é o Reino dos Céus.

2: Bem-aventurados os que choram, porque serão consolados.
3: Bem-aventurados os mansos, porque possuirão a terra.
4: Bem-aventurados os que sentem fome e sede de justiça, porque serão saciados.
5: Bem-aventurados os misericordiosos, porque alcançarão misericórdia.
6: Bem-aventurados os puros de coração, porque verão a Deus.
7: Bem-aventurados os que promovem a paz, porque serão chamados filhos de Deus.
8: Bem-aventurados os perseguidos por causa da justiça, porque deles é o Reino dos Céus.

> Depois da leitura, reservam-se alguns minutos para que o presidente da celebração e os catequizandos conversem. Queremos que se lembrem de cada uma das Bem-aventuranças e que expliquem o que significa.

| **Canto**

ENTREGA DAS BEM-AVENTURANÇAS

Catequista: Agora o padre (ou quem preside) vai entregar a todos este programa tão maravilhoso que Jesus deixou para nós, para que possamos ser felizes de verdade. Vou chamá-los e posicioná-los ao redor do altar, para que o recebam.

> Se forem muitos os catequizandos, eles não devem ser chamados um a um, mas sim se aproximarem em fila e, devagar, colocando-se ao redor do altar.
> Depois, deve ser entregue a cada um o pergaminho com as Bem-aventuranças enquanto quem preside diz as seguintes palavras:

Presidente: Receba este precioso tesouro. Leia-o, guarde-o em seu coração e, com a ajuda de Jesus, procure vivê-lo.

> Se forem muitos os catequizandos, dizer primeiramente as palavras acima. A seguir eles formam fila dupla para receberem o pergaminho.

DESPEDIDA

Oração

Presidente: Senhor, sabemos que Tu és amigo das crianças. Ajuda-nos a viver como nos ensinaste:
A não acumular coisas e a nos lembrar dos pobres.
A não ser violentos e semear a paz.
A ter um coração puro e bom.
A ser sempre justos e misericordiosos em casa,
com os companheiros, com todas as pessoas que encontramos.
Abençoa-nos, Senhor, para que, seguindo teu exemplo, passemos pelo mundo fazendo sempre o bem.
Pedimos por Jesus Cristo, nosso Senhor. Amém!

Canto final

- Vordades do tempo (Thiago Brado) – disponível na internet (YouTube).

Editorial

CATEQUÉTICO PASTORAL

Catequese – Pastoral
Ensino religioso

CULTURAL

Administração – Antropologia – Biografias
Comunicação – Dinâmicas e Jogos
Ecologia e Meio Ambiente – Educação e Pedagogia
Filosofia – História – Letras e Literatura
Obras de referência – Política – Psicologia
Saúde e Nutrição – Serviço Social e Trabalho
Sociologia

TEOLÓGICO ESPIRITUAL

Biografias – Devocionários – Espiritualidade e Mística
Espiritualidade Mariana – Franciscanismo
Autoconhecimento – Liturgia – Obras de referência
Sagrada Escritura e Livros Apócrifos – Teologia

REVISTAS

Concilium – Estudos Bíblicos
Grande Sinal – REB

VOZES NOBILIS

Uma linha editorial especial, com importantes autores, alto valor agregado e qualidade superior.

PRODUTOS SAZONAIS

Folhinha do Sagrado Coração de Jesus
Calendário de mesa do Sagrado Coração de Jesus
Agenda do Sagrado Coração de Jesus
Almanaque Santo Antônio – Agendinha
Diário Vozes – Meditações para o dia a dia
Encontro diário com Deus – Guia Litúrgico

VOZES DE BOLSO

Obras clássicas de Ciências Humanas em formato de bolso.

CADASTRE-SE
www.vozes.com.br

EDITORA VOZES LTDA.
Rua Frei Luís, 100 – Centro – Cep 25689-900 – Petrópolis, RJ
Tel.: (24) 2233-9000 – Fax: (24) 2231-4676 – E-mail: vendas@vozes.com.br

UNIDADES NO BRASIL: Belo Horizonte, MG – Brasília, DF – Campinas, SP – Cuiabá, MT
Curitiba, PR – Fortaleza, CE – Goiânia, GO – Juiz de Fora, MG
Manaus, AM – Petrópolis, RJ – Porto Alegre, RS – Recife, PE – Rio de Janeiro, RJ
Salvador, BA – São Paulo, SP